AF554395

Réunion des Fabricants de Bronzes et des Industries qui s'y rattachent

DE LA

PROPRIÉTÉ DES MODÈLES D'ART

APPLIQUÉS A L'INDUSTRIE

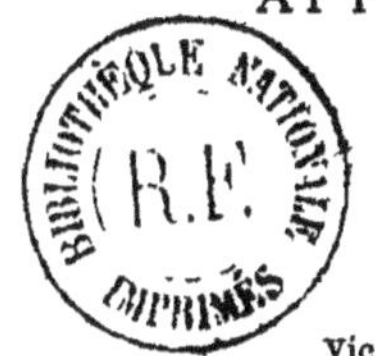

PAR

E. SOLEAU

Vice-Président du Syndicat des Fabricants de Bronzes

Délégué aux Congrès de Bruxelles et de Vienne 1897, par les Syndicats du Bronze, de la Joaillerie Bijouterie, Orfévrerie, de l'Ameublement, de la Céramique, Verrerie, du Bronze imitation, de la Bijouterie imitation, des Sculpteurs-Modeleurs et des Dessinateurs industriels.

ETAT DE LA QUESTION EN 1898

LOI INTERPRÉTATIVE DE LA LOI DE 1793

FORMALITÉ DU DÉPÔT

PARIS

TYPOGRAPHIE MORRIS PÈRE ET FILS

64, RUE AMELOT, 64

1898

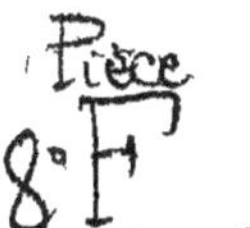

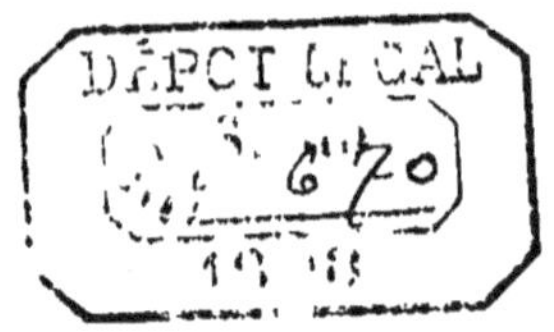

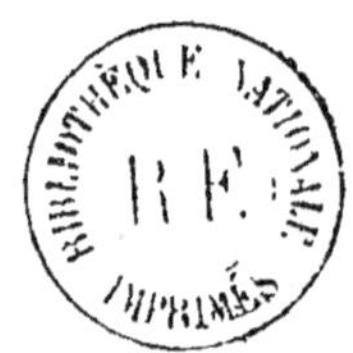

INTRODUCTION

La contrefaçon a envahi les industries qui se rattachent à l'art. Dès que nos industriels créent des modèles satisfaisants, leurs premières livraisons sont de suite contrefaites.

A l'étranger, la contrefaçon est livrée au public en quantité incalculable d'épreuves (1).

En France, elle met en circulation de mauvaises copies ou des surmoulages qui s'étalent jusque sur la voie publique.

Certains pays n'ont pas de lois susceptibles de nous protéger, et ceux qui en ont, se sont inspirés des lois françaises et de notre jurisprudence, laquelle donne l'exemple du plus étrange flottement et nous fait le plus grand tort.

Dès le début et pendant un demi-siècle, la loi de 1793 nous a été appliquée sans conteste, qu'il s'agisse d'art appliqué ou non à l'industrie, et sans que les cessionnaires soient astreints à d'autres formalités que celles imposées aux auteurs.

C'est pendant cette période que l'ascendant de la France, dans toutes les matières d'art et d'industrie mêlées à l'art, n'a cessé de s'accroitre.

Depuis 1865, les tentatives faites pour chercher à nous appliquer la loi de 1806 et à distinguer l'art pur de l'art dit industriel, ont amené l'étrange flottement de la jurisprudence

(1) Voir rapports publiés sous la direction de M. C. Krantz, commissaire-général du gouvernement français à l'Exposition de Chicago. Comité 23, Rapport Susse, page 62 : « Il est indéniable que nos modèles, tant groupes que statuettes et ornements, sont surmoulés et contrefaits en Amérique et que des fortunes considérables se font à nos dépens. Nous nous contenterons de citer comme exemple un modèle de figure, l'AMOUR VICTORIEUX, par Gregoire, qui s'est vendu d'une façon extraordinaire, de l'aveu même des contrefacteurs. Il y en a partout en Amérique du Nord, et même dans les pays d'exportation avec lesquels la Maison Craighead and Wilcox est en rapport d'affaires. Ces Messieurs estiment avoir vendu plus de CENT MILLE exemplaires de ce seul modèle.

française que les études publiées par M. E. Soleau, en 1888 et en 1897 (1) font ressortir.

Pendant de longues années, nous avons suivi avec grand intérêt les tentatives de MM. Bardoux, Bozerian, Philipon, etc.; et nous avons espéré une refonte des lois de 1793 (2) et de 1806 (3); mais nous désespérons de l'obtenir.

Il y a un intérêt national à ce que la propriété des modèles d'art appliqués à l'industrie soit assurée, tout au moins en France, en vue de l'Exposition de 1900.

Nos artistes, nos éditeurs, nos industriels s'apprêtent tous à de grands sacrifices; il n'est que temps qu'ils cessent de jouer le rôle d'éternels producteurs d'échantillons, qui peut flatter notre amour-propre, mais ne suffit plus à nos besoins.

Il est de toute justice et d'un intérêt immédiat que les commandes en retour sur les échantillons produits reviennent aux inventeurs et non pas aux contrefacteurs.

Comme nous ne pouvons prétendre à une loi complète sur ces matières avant 1900, il est plus pratique de nous contenter d'une loi interprétative de la loi de 1793.

Cette loi interprétative donnerait à la loi de 1793 une extension généreuse vers l'art appliqué à l'industrie et limiterait l'extension donnée à tort à la loi de 1806 par les partisans de la fausse théorie de « l'art finit où l'industrie commence », sans toutefois nécessiter l'abrogation de cette dernière loi.

E. S.

(1) Le rapport actuel n'est que le résumé de ces études.

(2) *Loi de 1793.* — Article 1er. — Les auteurs d'écrits en tous genres, les compositeurs de musique, les peintres et dessinateurs qui feront graver des tableaux ou dessins, jouiront durant leur vie entière du droit exclusif de vendre, distribuer leurs ouvrages dans le territoire de la République et d'en céder la propriété, en tout ou en partie.

(3) *Loi de 1806.* — Article 15. — Tout fabricant qui voudra pouvoir revendiquer par la suite, devant le tribunal, la propriété d'un dessin de son invention, sera tenu d'en déposer aux archives du conseil des prud'hommes *un échantillon plié sous enveloppe* revêtue de ses cachets et signature, sur laquelle sera également apposé le cachet du conseil des prud'hommes.

DE LA

PROPRIÉTÉ DES MODÈLES D'ART

APPLIQUÉS A L'INDUSTRIE

Projet de Loi Interprétative de la Loi de 1793

Le Congrès des Arts Décoratifs, tenu à Paris en 1894, sous les auspices de l'Union Centrale, avait ouvert une section de Législation. M. Bardoux, ancien ministre, rapporteur de la loi sur la propriété artistique en était le Président; M. Soleau, le Vice-Président ; MM. Lahure et G. Maillard, les Secrétaires.

Après trois séances de section et une séance plénière, aux travaux desquelles avaient pris part : MM. Bardoux, G. Berger, H. Bouilhet, P. Christofle, Ch Constant, Davanne, David, Desjardin, Deslignières, G. Gagneau, Harmand, Hugot, Jouanny, Lahure, Lœbnitz, Lucas, G. Maillard, Pillet, Pouillet, Roty, Soleau, V. Thiébaut et Vaunois ; et, sur le très remarquable Rapport de M. Georges Maillard, le Congrès émit le vœu qu'il soit fait appel, le plus promptement possible, aux pouvoirs publics, pour obtenir du Parlement le vote d'une loi interprétative de la loi de 1793.

MM. Bardoux et Soleau s'occupèrent de faire aboutir ce vœu et sollicitèrent tout d'abord le concours de M. Philipon, Député, auteur du Rapport fait au nom de la Commission chargée d'examiner la proposition de loi adoptée par le

Sénat, relative aux Dessins et Modèles industriels et auteur d'une proposition de loi sur la Propriété littéraire et artistique. Sur l'avis de M. Philipon, afin d'éviter toute objection et de faciliter les votes du Sénat et de la Chambre, nous avons libellé et simplifié comme suit le vœu du Congrès des Arts Décoratifs :

La loi des 19-24 Juillet 1793 s'applique à toutes les œuvres dues a l'art du sculpteur (de figure ou d'ornement) quels que soient le mérite, l'importance, l'emploi et la destination, même industrielle de l'œuvre, et sans que les cessionnaires soient tenus à d'autres formalités que celles imposées aux auteurs.

La loi de 1793 mentionne « *les dessinateurs qui feront graver des tableaux ou dessins* », tandis qu'elle ne dit rien « *des sculpteurs qui feront reproduire leurs sculptures* ».

Si nous consentons à limiter de la sorte notre vœu, et à ne parler que des sculpteurs, qui semblent oubliés et ont plus que tous autres souffert de l'étrange flottement de notre jurisprudence et de l'insuffisance de texte de nos lois, nous trouvons le moyen, en l'attente d'une refonte complète des lois de 1793 et de 1806, de préciser l'extension qu'il y a lieu de donner à la loi de 1793, sans qu'il soit nécessaire de s'occuper de la loi de 1806.

Nous ne verrions même aucun inconvénient à ce que l'auteur d'une sculpture, qui destine son œuvre à une reproduction industrielle ou commerciale, et qui peut s'astreindre à la formalité prescrite par la loi de 1806, s'y conforme, si tel lui semble son intérêt ; ce que nous voulons surtout éviter, c'est qu'il soit injustement dépouillé lorsqu'il n'a pas rempli cette formalité.

EXPOSÉ DES MOTIFS

§ Ier

En France, la propriété intellectuelle est sous le couvert de deux lois principales :

1° Celle des *19-24 Juillet 1793*, qui a trait aux productions littéraires et artistiques ; 2° celle de *1844, sur les brevets d'invention.*

Entre ces deux lois est venu se glisser le *décret de 1806*, qui, à son début, avait été fait pour organiser le Conseil des Prud'hommes de Lyon et y réglementer le Dépôt de chaque échantillon de tissu nouveau.

L'orsqu'on a donné de l'extension à cette loi spéciale de 1806, en empiétant sur le domaine de la loi de 1793, on a fait une mauvaise besogne.

La fausse théorie de « l'Art finit où l'Industrie commence », a amené en France l'étrange flottement de notre jurisprudence, porté le plus grand tort à nos industries et favorisé à l'étranger l'éclosion de lois nouvelles qui astreignent l'auteur d'une création d'art appliquée à l'Industrie, à des Dépôts multiples très difficiles à remplir.

De ces tentatives regrettables, qui durent depuis de longues années, il n'est résulté **aucun critérium sérieux pour distinguer le modèle d'art du modèle industriel**. L'imagination des commentateurs s'est cependant donnée libre carrière, tant dans les projets de lois que dans les Congrès; mais ils ont dû abandonner, tour à tour, la *distinction*, qu'elle soit fondée sur le mode de reproduction, sur la destination ou sur le caractère artistique de l'œuvre.

Nous demandons à ce que l'on revienne sur cette erreur préjudiciable aux intérêts français et que la loi de 1793 continue à protéger : tout modèle d'ornement ou de figure, sans se préoccuper du plus ou moins d'art, de la destination ou des moyens qui serviront à l'auteur et à son ayant-droit pour le reproduire et en tirer profit.

Les tribunaux resteront maîtres d'exiger d'autant plus de preuves de copie et de mauvaise foi de la part du contrefacteur, qu'il y aura moins de nouveauté et d'originalité dans l'œuvre défendue ; mais ils n'auront plus à décider si une œuvre ou sa reproduction est artistique ou non ; et nous ne verrons plus les contradictions de 1881 : *reproductions par le bronze de modèles exposés au Salon. rejetées par les tribunaux français, hors la loi de 1793, tandis que les images d'Epinal étaient protégées* ; ni celles de 1895 : *modèles d'encriers, de bougeoirs, de fourchettes, de couteaux, mis avec raison sous le couvert de la loi de 1793, tandis que des dessins de menus et des affiches artistiques étaient rejetés, sous prétexte que le dépôt préalable n'en avait pas été effectué conformément aux prescriptions de la loi de 1806.*

§ II

Le texte de notre loi interprétative est conforme à l'esprit de la loi de 1793, laquelle a été interprétée dans ce sens :

1° Par nos auteurs les plus autorisés, parmi lesquels il suffira de citer Victor Cousin, Barthélemy, Victor Hugo, Lamartine, Sainte-Beuve, etc ;

2° Par de nombreux exemples de jurisprudence :

Cour royale de Paris : 22 juin 1818. — Cour royale de Paris, 25 mai 1832. — Cour royale de Paris, 6 mars 1834. — Tribunal de Toulouse, 22 décembre 1835. — Tribunal correctionnel de Bordeaux, 27 novembre 1835. — Cour royale de Bordeaux, 21 janvier 1836. — Paris, 20 janvier 1837. — Cour de Paris, 24 mai 1837.— Paris, 16 août 1837.— Cassation, 2 août 1854.— 21 juillet 1855. — Cour de Paris, 12 décembre 1861. — Cour de Paris, 8 mars 1866. — Correctionnel de la Seine, 31 janvier 1884. — Cour de Paris, 26 octobre 1884. — Correctionnel de la Seine, 19 mai 1885. — Cour de Paris, 25 février 1888. — Cour de Paris, 28 février 1890. — Cour de Paris, 16 novembre 1893. — Cour de Paris, 17 janvier 1895. — Tribunal civil de la Seine, 22 juin 1896 ;

3° Conforme enfin :

A la pétition adressée au Sénat le 24 Mars 1866 par la Réunion des fabricants de bronzes, de la fonte de fer, du zinc, de l'argent et des arts plastiques ;

Aux résolutions votées par le *Congrès international de la Propriété artistique*, tenu à Paris en 1878 ;

A la pétition rédigée par M. Christofle et adressée en décembre 1881 à M. le Ministre des Arts au nom du Conseil d'administration de l'*Union centrale* des Arts appliqués à l'Industrie ;

Au vœu émis, sur la proposition de MM. Vidal, Ranvier et Soleau, par le Congrès des *Chambres Syndicales de France*, tenu à Paris en 1887 et dans lequel plus de 250 syndicats étaient représentés ;

Aux résolutions votées par le Congrès international de la *Propriété artistique*, tenu à Paris en 1889 ;

Aux résolutions votées par le Congrès des *Arts Décoratifs*, tenu à Paris du 18 au 30 mai 1894;

Aux résolutions votées par le *Congrès international* littéraire et artistique d'*Anvers*, août 1894 ;

Aux résolutions votées par le *Congrès international* littéraire et artistique de *Dresde*, 21 au 28 septembre 1895 ,

Aux résolutions votées par le *Congrès international* littéraire et artistique de *Berne*, 22 au 29 août 1896;

Aux résolutions adoptées par la Section de la *Propriété Industrielle* au Congrès international du Commerce et de l'Industrie, tenu à *Bruxelles*, du 6 au 11 septembre 1897.

Congrès de Bruxelles 1897

Dans ce dernier Congrés, M.G Biebuyck, rapporteur, assimilait aux œuvres d'art et soumettait comme tels à la loi sur le droit d'auteur, les originaux de tous dessins et modèles nouveaux, et leurs reproductions par des *moyens artistiques.*

Tandis qu'il voulait mettre sous l'application d'une loi spéciale exigeant le dépôt préalable, les œuvres appartenant aux beaux-arts et les dessins ou modèles nouveaux reproduits, dans un but commercial, par des *procédés industriels* ou appliqués à l'industrie.

Nous avons répondu que c'était déplacer la question mais non pas la résoudre.

Quel sera le critérium infaillible qui permettra de dire qu'un moyen de reproduction est artistique ou non ?

Les sculpteurs reproduisent eux-mêmes leurs créations à l'aide de terres tirées dans des moules à bon creux, lesquelles grâce à des retouches savantes faites avant la cuisson, donnent des reproductions obtenues par des moyens incontestablement artistiques. Ces mêmes sculpteurs vendent leurs moules, des camelots s'en emparent et tirent des milliers d'exemplaires mal retouchés. On ne peut soutenir que ce moyen de reproduction continue à être plus artistique que celui employé par un bronzier respectueux du modèle original ? A quel moment précis s'arrêtera la reproduction par des moyens artistiques pour devenir un procédé industriel ou commercial ?

Il est impossible de soumettre à deux lois différentes 1793 et 1806, l'œuvre originale exposée et mise en vente par l'artiste et cédée ensuite à un éditeur, lequel est le plus souvent mis dans l'impossibilité absolue d'effectuer un dépôt utile, en vertu d'une loi qui exige que le dépôt soit fait avant toute publicité ou mise en vente ?

La Section nous a donné raison contre son Rapporteur et a émis le vœu :

« *Qu'il soit reconnu par toutes les législations, que* « *toutes les œuvres des arts graphiques et plastiques* « *soient également protégées, quels que soient le mé-* « *rite, l'importance et la destination, même indus-* « *trielle, de l'œuvre et sans que les ayants droit soient* « *tenus à d'autres formalités que celles imposées aux* « *auteurs.* »

C'est à très peu de chose près le texte du vœu voté par le Congrès des Arts Décoratifs.

§ III

De la formalité du Dépôt. Motifs qui nous la font repousser

Ceux qui veulent restreindre le domaine de la loi de 1793 pour augmenter celui de la loi de 1806, se préoccupent surtout de maintenir la formalité du Dépôt préalable, dont ils veulent gratifier le plus grand nombre possible d'industriels.

On nous a dit que nous défendions la théorie de MM. Pouillet et Philipon. Nous sommes heureux de reconnaître que le peu que nous avons appris en théorie, nous le devons aux excellents ouvrages de M. Pouillet et aux très remarquables travaux de M. Philipon; mais. qu'il nous soit permis d'ajouter que nous nous sommes surtout instruits par la pratique. Nous avons acquis les droits de reproduction et avons inventé bon nombre de dessins ou modèles qui ont excité la convoitise des contrefacteurs, que depuis plus de quinze ans, M. Desjardin nous aide a poursuivre devant les tribunaux français et étrangers; il en résulte, que la pratique nous conduit à adopter les mêmes conclusions que MM. Pouillet et Philipon; et, ce rapprochement ne peut qu'affermir notre conviction.

Mais, si ces auteurs ont toujours soutenu avec grand talent le principe de l'Unité de l'art et d'une loi unique, ils se sont moins préoccupés du rôle joué par l'obligation du Dépôt. M. Philipon, dans son projet de loi nouvelle, y astreignait tout le monde, aussi bien les artistes que les industriels.

Nous ne craignons pas d'avouer, qu'en pratique, ce qui nous intéresse le plus dans la loi de 1793 et dans la plupart des lois similaires de l'Étranger, c'est qu'elles accordent généreusement leur protection, n'astreignent à aucune formalité les œuvres de l'art plastique. se contentent d'un dépôt déclaratif (1) et non attributif de propriété pour les autres œuvres; et enfin, parceque les pays de l'Union Littéraire et Artistique internationale admettent que la formalité prescrite par le pays d'origine est valable dans tous les autres pays de l'Union.

Tandis que ce qui nous a toujours fait repousser la loi de 1806, c'est la formalité du Dépôt préalable prescrite par cette loi, faite spécialement pour le bien de l'auteur, et qui permet au contrefacteur de le mieux dépouiller, lorsque le Dépôt n'a pas été effectué en temps; c'est-à-dire neuf fois sur dix.

Suivant nous, la vraie pierre d'achoppement est cette formalité du Dépôt préalable.

Cette mesure pouvait, en 1806, offrir un avantage aux fabricants de soieries de Lyon, lorsqu'ils avaient le monopole presque exclusif de cette fabrication et qu'un seul Dépôt, effectué en temps, établissait une presomption légale suffisante à arrêter presque toutes les contrefaçons possibles à l'époque. De plus, le fabricant qui s'astreignait à cette obligation pouvait recevoir en compensation, le droit à une propriété perpétuelle là où la loi de 1793 n'accordait au début que 5 ou 10 ans de garantie.

Mais aujourd'hui, presque tous les peuples civilisés peuvent produire les mêmes objets ou tout au moins des contre-

(1) Les sculpteurs devront cependant être libres d'user de cette formalité lorsqu'elle leur sera possible et utile

façons adultérées, qui démodent rapidement les créations originales, et le créateur d'un dessin ou d'un modèle, pour être garanti d'une façon utile, doit se conformer aux exigences légales de tous les pays chez lesquels il peut voir apparaître des contrefaçons, ce qui devient impossible. Ces mesures nous gênent et nous désarment presque partout ; mais nous aurions mauvaise grâce de les critiquer à l'Étranger, tant que nous ne les réformerons pas chez nous. C'est nous qui les avons inventées et étendues à des industries qui ne les réclamaient pas ; c'est encore nous qui continuons à les maintenir malgré l'abandon qu'elles rencontrent chez ceux-là mêmes qui les avaient réclamées au début.

MM. Cornille frères, fabricants de soieries à Lyon et à Puteaux, nous communiquent le Relevé suivant, provenant du Greffe de Lyon.

En 1810 il y a eu	. . .	147	dessins ou échantillons déposés en vertu de la loi de 1806, au Greffe du Conseil des Prud'hommes, section de la Soierie, à Lyon.
1820	—	351	
1830	—	1.012	
1860	— . .	3.412	
1892	— . . .	1.499	
1893	— . . .	830	
1894	— . . .	766	
1895	—	854	
1896	—	517	

Les fabricants qui ne déposent plus leurs dessins à Lyon les déposent encore bien moins à l'Etranger. Les formalités pour chaque dépôt sont peu coûteuses, mais il faut tenir compte que s'il est possible a un artiste industriel d'effectuer lui même son dépôt au pays d'origine, il doit avoir recours à des agences spéciales pour faire remplir les mêmes formalités dans tous les pays où il peut craindre de voir apparaître des contrefaçons, et que ces intermédiaires multiples coûtent fort cher. S'il veut régulariser de la sorte un seul de ses dessins, il lui faut dépenser une très forte somme. Ne sachant pas d'avance ceux que le goût du public approuvera et qui deviendront la souche féconde d'une utile et nombreuse reproduction, il lui faudra effectuer à ce prix élevé le Dépôt de tous ses dessins. Est-ce possible ? Ce serait pour lui un autre genre de ruine et il préfère y renoncer. Cette mesure que nous venons de voir difficile à remplir pour les dessins, est matériellement impossible pour les modèles.

En effet, pour astreindre à cette même obligation les propriétaires de modèles, on a dû admettre qu'un dessin ou une photographie pouvait remplacer l'échantillon. Mais pour un objet de ronde bosse, le dessin et la photographie ne peuvent donner que le premier plan de l'une des faces, ils ne donnent pas la hauteur exacte des reliefs ; or, la contrefaçon s'exerce sur tout ou partie d'un objet, et les renseignements fournis par le dessin ou la photographie sont insuffisants à préciser un surmoulage, cas de contrefaçon le plus fréquent, le plus probant et le plus grave.

Enfin, si nous devons marquer les objets déposés, suivant les exigences légales de tous ces pays :

Copyright by.....189... pour les États-Unis ; Registered N°. .. et Made in France pour l'Angleterre ; Gebrauchsmusterchutz N°..... pour l'Allemagne, etc.; il nous faut couvrir de lettres et de chiffres, qui devront rester visibles, non seulement tous les lés de nos tissus, de nos papiers peints ou de nos dentelles, mais aussi tous les bijoux ou autres objets de petite dimension, ce qui les enlaidit et est souvent matériellement impossible.

Si ces marques ne doivent servir qu'à mettre les contrefacteurs en garde et à les avertir qu'il ne faut pas s'approprier les modèles marqués, c'est vraiment trop de prévenances, et nous pensons que les plus simples principes de morale pourraient suffire à résoudre cette difficulté.

Ecrit-on « il est défendu de prendre » au-dessus de tous ces étalages qui encombrent la voie publique ? Et cependant si un enfant s'avise de prendre le plus insignifiant de ces objets, mis si imprudemment à portée de sa main, il est poursuivi et puni comme voleur.

Celui qui surmoule ou copie servilement un modèle sait bien qu'il ne l'a pas créé. A lui d'endosser la responsabilité de sa décision lorsqu'il le prétend du domaine public et se l'approprie par le surmoulage ou la copie afin d'en tirer profit

Les plus saines notions de l'équité et de la justice veulent que ce soit l'invention et la création qui constituent la propriété; et que le dépôt ou toute autre mesure de police ou d'administration ne puisse, dans aucun cas, altérer ce principe fondamental.

Une obligation aussi gênante que coûteuse peut s'expliquer lorsqu'elle s'applique aux inventions brevetables. La loi de 1844, qui permet au contrefacteur de dépouiller l'auteur qui a négligé d'accomplir en temps une formalité, est une mesure qui semble excessive ; mais à l'examen, on conçoit que la société a un grand intérêt à ce que les inventions profitables à tous, rentrent dans le domaine public le plus tôt possible, pour qu'elles y soient la cause de nombreuses applications et deviennent plus profitables encore ; on conçoit donc que la loi n'accorde pas un long privilège et exige un extrait de naissance précis avec description détaillée du résultat ou du produit industriel nouveau. De plus deux inventeurs d'idées brevetables poursuivant la même idée, la réalisent souvent avec une complète identité

Au contraire, chaque modeleur a sa façon de modeler, comme chacun de nous a sa façon d'écrire. Loin de nuire au progrès des industries d'art, le droit exclusif généreusement accordé par les lois sur la propriété artistique aux auteurs de modelages ou à leurs cessionnaires réguliers, ne limite ni n'entrave le libre essor de la création individuelle, il a pour résultat d'empêcher les imitations serviles, de stimuler des creations nouvelles et de ne gêner que le plagiat. Enfin il est impossible que l'État perde à cette générosité, les redevances pour les dépôts étant très minimes et couvrant à peine les frais qu'ils occasionnent

En résumé, nous préférons nous contenter du droit

commun, et laisser les tribunaux maîtres d'apprécier le mérite des preuves de propriété et d'antériorité produites, plutôt que de voir dépouiller neuf fois sur dix les honnêtes gens, sous prétexte qu'ils n'ont pas accompli en temps une formalité de dépôt imposée par la loi, devenue peu pratique et presque impossible à remplir d'une façon utile.

Telles sont les raisons qui nous font dire que le vœu adopté par le Congrès des Arts Décoratifs est absolument conforme aux intérêts de l'Art appliqué à l'Industrie.

Ce projet, longuement mûri, et que nous avions pour arriver à une solution plus rapide, restreint dans la mesure indiquée au début de ce travail; M. le Sénateur Bardoux devait, en 1897, le déposer sur le bureau du Sénat, dont l'ordre du jour est peu chargé. M. Philipon nous avait promis de le présenter et de le défendre à la Chambre des Députés.

La maladie, puis la mort de notre regretté Président sont venues à l'encontre de notre désir.

Par qui remplacerons-nous M. Bardoux au Sénat ? Y a-t-il lieu de déposer notre proposition à la Chambre, maintenant que M. Bardoux n'est plus au Sénat ?

Nous pensons que le mieux serait d'intéresser le gouvernement à notre cause.

L'initiative gouvernementale serait le meilleur moyen de rattraper le temps perdu, et de faire aboutir ce projet de loi, qui, ainsi simplifié, ne fait et ne doit subir aucune objection.

C'est pourquoi nous insistons pour maintenir à notre loi interprétative sa forme actuelle En demandant plus, nous soulèverons de grosses questions ; et, connaissant le sort réservé chez nous aux projets de loi plus complets sur ces matières, nous craignons en pratique de voir arriver la ruine de nos industries avant la loi destinée à les protéger.

A titre international

Combien il est à regretter que depuis 1793, on ait troublé le raisonnement, en appliquant, à tort, la loi de 1806 à des industries qui ne la réclamaient pas, que de la sorte, notre jurisprudence en France ait tellement varié et que ses enseignements aient montré les principales questions résolues en sens divers ? En ces matières, si nous avions eu, depuis que le besoin s'en est fait sentir chez nous, une loi précise ou une jurisprudence constante, ayant fait ses preuves pendant de longues années, il est présumable que cette expérience acquise chez nous, aurait influencé les législateurs étrangers qui, depuis une vingtaine d'annees seulement, s'occupent sérieusement de ces questions ; et, nous n'aurions pas des lois qui nous astreignent à des Dépôts multiples.

Nous allons jusqu'à croire, que si nous nous étions toujours contentés en France de la loi de 1793 et de celle de 1844, nous aurions été suivis par les législateurs étrangers. Les textes de ces deux lois pouvaient être complétés, et certaines créations exceptionnelles qui, malgré nos trois lois, ne sont pas encore clairement protégées chez nous, eussent trouvé une protection sous la loi relative aux inventions artistiques ou sous celle relative aux brevets d'invention, lorsque l'effet, l'aspect ou le résultat aurait été incontestablement nouveau.

Il est déjà difficile d'établir une ligne de démarcation entre ces deux groupements principaux ; on nous concédera que plus on crée de groupements plus on multiplie les lignes de démarcation et, par suite, les difficultés. C'est ce qui arrive en Allemagne, où l'on essaie une quatrième loi sur les modèles dits « d'utilité ». En pratique, il n'est pas plus facile d'établir cette ligne entre ce qui est utile et ce qui est purement décoratif, qu'entre le plus ou moins d'art ou l'art appliqué ou non à l'industrie.

Les Allemands, eux-mêmes, reconnaissent que leurs lois ne sont pas exemptes de défauts et à Berlin on se préoccupe de les perfectionner.

L'Autriche prépare en ce moment une loi sur les dessins et modèles et s'informe (1).

Pour ces motifs, il est donc aussi très urgent que nous ne tardions pas à faire cesser la confusion qui existe chez nous, et à proclamer qu'en nous basant sur l'expérience acquise pendant près d'un siècle, nous maintenons d'une façon définitive les modèles d'art appliqués à l'industrie, sous la protection de la loi relative aux œuvres artistiques.

Il y a beaucoup de chances pour que ce parti pris en France pèse fortement sur les décisions qui seront ultérieurement prises à l'étranger.

(1) Nous avons suivi avec grand intérêt les travaux de la première session de l'*Association Internationale pour la protection de la Propriété industrielle à Vienne en 1897*, où de nombreuses Associations industrielles et commerciales d'Allemagne et d'Autriche étaient représentées.

Le Rapporteur général, M. Georges Maillard, en vue de la conférence diplomatique qui devait se tenir à Bruxelles, en décembre 1897, proposait un article 8 *bis*, ainsi conçu :

« Les dessins ou modèles industriels, admis au bénéfice de la convention, conformément aux articles 2 et 3, seront protégés dans tous les États de l'Union, sans autres formalités que celles prévues et accomplies au pays d'origine. »

En pratique, il n'y avait pas lieu de demander plus à Vienne. Le programme de ce Congrès était limité aux *améliorations à apporter à la convention de Paris 1883 et à l'arrangement de Madrid*.

Cet article 8 *bis*, qui est une amélioration notable au système actuel des Dépôts multiples, a été brillamment défendu par le rapporteur général et voté à une forte majorité, mais nous ne croyons pas être indiscrets en disant que la Conférence de Bruxelles ne l'a pas adopté.

2-98. 470. — Paris, Typ. Morris Père et Fils, rue Amelot, 64.